Mes animaux préférés

LE LION

Le lion est le roi des animaux. Il se repose presque toute la journée dans la savane, entouré de ses lionnes et de ses lionceaux. Pour défendre son grand territoire, il pousse de terribles rugissements. Malgré son air impressionnant, ce n'est pas lui le plus courageux. En effet, ce sont les lionnes qui vont chasser les antilopes et les zèbres pour la tribu. Ce sont également elles qui s'occupent des lionceaux qu'elles ont mis au monde.

LE TIGRE

Le tigre est le plus grand et le plus fort des félins. Il peut tuer un cerf d'un coup de dents ! Dans la jungle, tout le monde le redoute. La tigresse met au monde de 2 à 4 tigreaux qu'elle défend avec courage ; elle n'hésite pas à tuer quiconque essaye de s'en approcher. Savais-tu que tous les tigres n'ont pas ce superbe pelage tigré de roux et de noir ? En effet, il existe aussi des tigres blancs, mais ils sont très rares.

LE LÉOPARD

Le léopard et la panthère ne sont qu'un seul et même félin. Certains ont le pelage clair, d'autres ont le pelage sombre (comme la panthère noire). Le léopard vit dans les déserts et les forêts, en plaine ou en montagne. Il passe sa journée perché dans les arbres à surveiller son territoire. La nuit tombée, il part chasser des antilopes ou des oiseaux. La femelle met au monde entre 1 et 6 bébés et les allaite pendant 3 mois.

LE RHINOCÉROS

C'est l'animal le plus lourd après l'éléphant ! Certains portent 1 corne sur le nez et d'autres 2. Ces cornes sont faites de la même matière que tes ongles, mais elles poussent beaucoup plus lentement. La peau du rhinocéros est très épaisse ; c'est comme s'il avait un bouclier tout autour de lui. Il se nourrit surtout la nuit et généralement en groupe, en broutant les herbes des prairies d'Asie et d'Afrique.

L'HIPPOPOTAME

L'hippopotame passe son temps à se prélasser dans l'eau des rivières d'Afrique. Parfois, on ne voit que ses narines, ses yeux et ses oreilles qui dépassent de la surface de l'eau. Lorsqu'il bâille, ses 2 énormes dents en ivoire sont bien visibles ; ce sont des armes redoutables dont il se sert pour se défendre ou lors des combats entre mâles. Lorsque la nuit vient, il sort de l'eau et va brouter l'herbe dans les prairies voisines de sa rivière.

L'ÉLÉPHANT

L'éléphant d'Afrique est le plus gros des animaux terrestres. Il est tellement lourd qu'il reste debout pour dormir et qu'il lui est impossible de sauter. À sa naissance, l'éléphanteau pèse déjà plus lourd qu'un homme adulte. Il se sert de sa trompe pour boire et pour attraper les feuilles d'arbres dont il se nourrit. Ses défenses en ivoire sont 2 énormes dents et il se sert de ses grandes oreilles comme d'un éventail.

LA GIRAFE

La girafe est le plus grand de tous les animaux. Lorsqu'elle se promène dans la savane, elle dépasse tout le monde et peut voir venir les dangers de très loin. Son long cou lui permet d'aller chercher très haut les feuilles épineuses d'acacia dont elle raffole. Elle dort debout, mais très peu (seulement 20 minutes par jour) ! Le bébé de la girafe s'appelle le girafon. À sa naissance, sa taille dépasse déjà celle de ton papa !

LE ZÈBRE

Le zèbre est un petit cheval sauvage tout rayé. Il vit en famille dans la savane africaine. L'organisation des rayures est différente pour chaque zèbre, ce qui permet de reconnaître assez facilement un zèbre parmi d'autres ; c'est un peu comme si elles leur servaient de carte d'identité ! Mais elles servent également de camouflage. S'il est menacé, le zèbre se défend à grands coups de sabots ; il peut être violent, surtout si son poulain est en danger.

L'AUTRUCHE

L'autruche est le plus gros oiseau du monde. Elle est incapable de voler, mais elle court très vite et peut faire des sauts impressionnants (elle passe sans problème un grillage de 1,5 m). La femelle pond des œufs énormes : 1 œuf d'autruche prend la même place que 25 œufs de poule ! Lorsqu'elle met sa tête près du sol, ce n'est évidemment pas, comme on le dit parfois, pour se cacher, mais pour vérifier si ses œufs vont bien.

LA GAZELLE

La gazelle est un animal à cornes très gracieux. Elle vit en troupeaux dans les plaines d'Afrique. Elle y broute les herbes et, parfois, le feuillage des arbustes. Elle est capable de rester longtemps sans boire. Elle a beaucoup de prédateurs redoutables, comme les lions et les léopards. Heureusement, elle court très vite en faisant de grands bonds, ce qui lui permet souvent d'échapper à ses poursuivants.

LE GORILLE

Le gorille est un grand singe qui vit dans les forêts d'Afrique. Malgré son allure terrifiante, il est plutôt paisible et, comme la plupart des animaux, il n'est véritablement dangereux que lorsqu'il a peur. Le jour, il mange des feuilles et des écorces et se prélasse au soleil avec les autres membres de son groupe ; la nuit, comme toi, il dort ! Mais lui, il dort dans un lit de branches qu'il construit tantôt dans un arbre, tantôt à même le sol.

LE KOALA

Le koala est un mignon petit marsupial gris qui vit dans les forêts d'eucalyptus. Comme la grande majorité des marsupiaux, il vit en Australie. Il se nourrit des jeunes feuilles d'eucalyptus. C'est pour cela que son odeur fait penser à celle d'une pastille pour la gorge. Il passe la plus grande partie de son temps à dormir. Si bien qu'il faut beaucoup de patience pour le voir bouger. Et quand il bouge, il le fait très lentement, un peu comme dans un film au ralenti.

LE PANDA

Ce grand panda vit dans les forêts de bambous de Chine. Mais il est rare d'en apercevoir car il en reste très peu en liberté. Il y en a tellement peu qu'ils risquent même de disparaître de la planète. Le panda vit généralement seul. La maman panda met au monde un bébé panda dans un nid qu'elle a fabriqué avec des feuillages de bambou ; elle l'allaite pendant plusieurs mois.

LE PARESSEUX

Le paresseux vit sa vie au ralenti et passe la plus grande partie de son temps à dormir. Il vit la tête en bas, suspendu dans les arbres par ses longs bras terminés par de puissantes griffes. Ses oreilles sont toutes petites et cachées par ses poils. Il descend rarement au sol ; il n'est pas très habile pour la marche, mais c'est un bon nageur ! La femelle met au monde un petit qui reste accroché à ses poils jusqu'à l'âge de 2 ans.

LE KANGOUROU

Le kangourou vit en Australie. Comme le koala, c'est un marsupial. Cela veut dire qu'à la naissance le bébé kangourou, qui est grand comme un haricot, grimpe dans la poche ventrale de sa maman et y reste jusqu'à ce qu'il soit complètement formé. Pendant tout ce temps, il est accroché à un mamelon de sa maman. La longue queue du kangourou lui permet de garder l'équilibre lorsqu'il fait ses célèbres bonds.

LE CAMÉLÉON

Le caméléon est une sorte de lézard très particulier. Ses gros yeux peuvent tourner dans tous les sens de façon indépendante et lui permettent de voir partout à la fois. Lorsqu'il repère un insecte, il l'attrape avec sa longue langue collante qu'il projette comme une catapulte. Il a également la particularité de pouvoir changer de couleur en fonction de l'endroit où il se trouve ou de son humeur. C'est évidemment très intéressant pour se camoufler.

LA BALEINE

Comme le dauphin, la baleine est un mammifère et non un poisson. La baleine bleue est le plus grand et le plus lourd animal de la planète (chacun de ses yeux a la taille d'un ananas) ! La baleine a un langage particulier : elle émet des sons qui ressemblent à un véritable chant et qui peuvent s'entendre de très loin. Malgré son énorme taille, elle se nourrit de toutes petites crevettes qu'elle filtre au travers de ses dents spéciales : les fanons.

LE MANCHOT

Le manchot est un oiseau qui ne vole pas, mais qui nage très bien. Il utilise ses ailes comme nageoires et sa queue comme gouvernail. Son bec est très coupant et lui permet de saisir les poissons sous l'eau. Il vit au pôle Sud, sur le continent qui s'appelle l'Antarctique. Son allure est rigolote : on dirait qu'il est habillé dans un smoking noir trop serré qui le fait marcher maladroitement.

L'OTARIE

Contrairement au phoque, l'otarie a des oreilles qui se voient facilement. On la retrouve souvent dans les parcs d'attraction où on l'utilise pour faire le pitre. Dans la nature, on la trouve plutôt affalée au soleil sur les plages de l'Ouest américain. L'otarie allaite son petit ; elle vit en groupe comptant parfois de nombreux individus. Lorsqu'elle a faim, elle va faire sa balade en mer pour chasser des poissons.

L'OURS BLANC

Cet ours est énorme et vit dans l'Arctique, près du pôle Nord. La couleur de sa fourrure ressemble à celle de la neige et lui permet de passer inaperçu lorsqu'il chasse ses proies. L'ours blanc apprécie particulièrement les repas à base de phoque ! Il nage très bien et est capable de parcourir de grandes distances dans l'eau glacée, par exemple pour aller s'installer sur un iceberg qui abrite une colonie de phoques !

LE LOUP

Le loup fait souvent peur. Cependant, cette peur vient surtout des histoires que l'on raconte, comme celle du Petit Chaperon rouge. En effet, le loup est un animal craintif et qui évite plutôt le voisinage de l'homme. Il pousse des hurlements qui s'entendent très loin. Il vit et chasse en meute. L'expression "marcher à pas de loup" vient du fait que le loup marche sans faire de bruit.

L'OURS BRUN

Lorsque l'hiver approche, l'ours brun se prépare à hiberner. Il organise alors une tanière où il pourra dormir confortablement pendant au moins 3 mois. Malgré cela, l'ours reste attentif et peut être réveillé par l'arrivée d'un intrus. C'est aussi pendant l'hiver que la femelle, l'ourse, donne naissance à ses oursons dans sa tanière. Adulte, l'ours mange des insectes, des champignons, ou encore des poissons.

LE HÉRISSON

Le hérisson a des poils de la même matière que tes cheveux mais qui chez lui, se sont transformés en piquants ! Malgré cette protection, le hérisson est un animal plutôt doux et peureux ; il se roule en boule à la moindre alerte. Il se nourrit d'insectes, de vers de terre, d'escargots et de limaces. Comme l'ours, le hérisson hiberne. Il s'installe alors dans un trou tapissé de feuilles mortes. C'est en été que les bébés naissent ; à leur naissance, ils n'ont pas de piquants.

LE RENARD

Le renard est un animal sauvage qui vit dans les prairies et à la lisière des forêts où il chasse les écureuils et les souris. Cependant, à la nuit tombée, tu peux même parfois le rencontrer en pleine ville. Il a un peu l'allure d'un chien, mais s'en distingue par son long museau, sa queue touffue et son pelage généralement roux. La renarde donne naissance à ses renardeaux dans un terrier et les allaite jusqu'à ce qu'ils mangent seuls.